AF253622

O³
b
179

L'ÉGYPTE

SOUS

ISMAÏL Ier

PAR M. LOUIS BELLET

PRIX : 50 CENTIMES

PARIS

CHEZ TOUS LES LIBRAIRES.

JUILLET 1867

TIMBRE IMPERIAL

Le voyage à Paris du souverain de l'Égypte, Ismaïl, à l'occasion de l'Exposition universelle de 1867, ne sera pas un des moins importants souvenirs qui survivront à cette grande manifestation de de l'industrie, des sciences et des arts dans la seconde moitié du dix-neuvième siècle.

Ce prince a voulu, suivant de nobles exemples, contribuer par sa présence à l'éclat de la lutte pacifique à laquelle la France a convié toutes les nations, et devenir, à son tour, l'hôte de l'Empereur.

Dans ces circonstances, quelques lignes consacrées à Ismaïl et au pays qu'il gouverne seront peut-être lues avec intérêt.

I

Le Hatti-Chérif de 1841 a assuré à Méhémet-Ali et à ses descendants le gouvernement héréditaire de l'Égypte. Cette hérédité, réglée suivant l'usage musulman consacré par le Koran, se transmettait au plus âgé de la famille. Rien n'était plus nuisible au progrès de l'Égypte que cette organisation. En effet, le vice-roi régnant n'avait aucun intérêt à préparer un règne facile et glorieux à son successeur. De là, l'absence de toute suite d'idées et une tendance fatale au régime personnel.

Ismaïl, petit-fils de Méhémet-Ali et fils d'Ibrahim-Pacha, qui succédait, le 16 janvier 1863, à son oncle Saïd-Pacha, poursuivit le changement de ce système. Il a obtenu l'hérédité directe dans sa famille, et, de plus, il se trouve aujourd'hui en possession d'un pouvoir qui lui garantit son indépendance dans le gouvernement de l'Égypte. Il peut désormais marcher en avant plus librement que ses prédécesseurs, et si l'on juge de ce qu'il fera par ce qu'il a fait, on peut prédire sûrement que le plus grand avenir est réservé à ce pays.

L'Europe s'est trop longtemps habituée à considérer les souverains orientaux comme des despotes à courte vue. La justice veut qu'on apprenne à connaître et à apprécier ceux qui, parmi ces princes, s'éloignent des sentiers battus pour entrer dans la voie du progrès.

Ce n'est pas flatter Ismaïl que de dire qu'il est au nombre de ces princes. Ce n'est ici qu'un hommage rendu à la vérité.

II

L'autorité du souverain s'étend sur l'Égypte, la Nubie, le Kordofan, le Sennaar et autres provinces qui sont aux environs du Nil bleu et du Nil blanc, se joignant au Nil (1).

____

(1) Population, 5,500,000 environ.

Capitale : Le Caire, 350,000 habitants.

Autres villes : Alexandrie, 160,000, dont plus de 70,000 Européens ; Damiette, 37,000 ; Rosette, 19,000 ; Ismaïlia, 5,000 ; Port-Saïd, 11,000. Ces deux dernières villes sont créées depuis cinq ou six années seulement ; Port-Saïd, à l'entrée du canal de Suez, sur la Méditerranée ; Ismaïlia, au centre de l'isthme.

On peut affirmer qu'Ismaïl a complètement compris le but du fondateur de sa dynastie. Comme lui, il a pratiqué le système de fusion, sur le sol égyptien, des indigènes et des Européens. On le voit partager également sa protection entre les *fellahs,* qu'il a enrichis et l'entreprise européenne, ou plutôt universelle, du canal qui s'ouvre à travers l'isthme de Suez, et dont il s'est fait le principal intéressé et le constant protecteur.

Il a reconnu qu'enrichir les *fellahs,* les indigènes, c'était enrichir le pays, et il n'a rien négligé pour les grandir, pour les élever à leurs propres yeux. Récemment encore ne les a-t-il pas appelés à donner leur avis sur les affaires du gouvernement, en constituant, sans distinction de culte, un conseil de délégués des populations égyptiennes nommé à l'élection et dont l'organisation a été décidée dans un conseil des ministres présidé par le vice-roi? (1)

Quant à l'enrichissement des fellahs, c'est un fait aujourd'hui constaté et dont témoignent tous les voyageurs qui reviennent d'Égypte.

(1) Le règlement organique qui a déterminé les formes et les conditions de l'élection contient les dispositions principales suivantes :

« Art. 2. Tout individu âgé d'au moins vingt-cinq ans sera éligible, « à condition d'être honnête, loyal, capable et reconnu par le gouver- « nement comme étant né dans le pays. »

Aucune distinction de culte n'est établie ; il y a des cophtes parmi les représentants.

« Art. 3, 4, 5. Ne peuvent être élus :

« Ceux dont les biens se trouveraient séquestrés par décret, à la « suite d'une faillite, à moins pourtant d'une réhabilitation régulière « et complète ;

« Tout individu n'ayant aucun moyen d'existence ou qui, dans

III

Le grand mérite d'Ismaïl, celui sur lequel on ne saurait trop insister, c'est son esprit d'ordre, sa parfaite connaissance des questions économiques et financières.

« l'année qui précédera son élection, aurait reçu des secours;

« Les hommes condamnés à une peine infamante ou renvoyés du « service d'après une sentence;

« Les fonctionnaires et ceux qui sont au service militaire, soit en « activité, soit dans la réserve.

« Art. 6. Suivant sa population, chaque arrondissement élira un « ou deux députés.

« Art. 10. Leur nombre ne pourra pas dépasser 75.

« Art. 7, 8. La base de système électif est le suffrage universel à « deux degrés. Ce sont les cheiks choisis par chaque village qui, « réunis à la préfecture, nomment à leur tour, au scrutin secret, le « député de leur arrondissement.

« En cas de partage des voix, c'est le sort qui est appelé à décider.

« Art. 13, 14. Une commission choisie parmi l'assemblée examine « la validité des élections, après quoi chacun reçoit de Son Altesse « un décret personnel constatant sa qualité de représentant pour « trois ans. »

Les deux propositions soumises à cette assemblée au commencement de la session sont les deux suivantes :

« 1° Présenter, discuter et adopter les mesures les plus conve- « nables afin de faciliter l'exécution des grands travaux d'utilité « publique, tels que ceux qui sont du ressort de l'administration des « ponts-et-chaussées;

« 2° Réglementer et fixer de la manière la plus favorable pour « tous les habitants, les diverses époques de l'année où les impôts « devront être payés. »

Les mesures financières poursuivies par Ismaïl n'ont pas toujours été bien comprises par ceux qui ne sont pas parfaitement au courant des choses égyptiennes. A entendre parler d'emprunts égyptiens, on a pu croire souvent que le vice-roi manquait de ressources et souvent aussi on s'est demandé comment le souverain le plus riche du monde faisait ainsi appel aux capitaux..

La raison en est bien simple.

L'Égypte, tant est grande son étendue, demande, pour être fertilisée, des capitaux immenses. Le vice-roi s'est dit, avec raison, — qu'on veuille bien nous pardonner ce langage vulgaire : — Si mille francs de semences jetées en Égypte rendent au centuple le sacrifice supporté, il faut semer le plus de mille francs possible. Ainsi a fait le vice-roi ; il a voulu que ses ressources, déjà si grandes, ne cessassent de s'augmenter pour enrichir l'avenir dans des proportions incroyables.

S'il a étendu sa protection sur le canal de Suez ; s'il a souscrit la moitié du capital de l'entreprise ; s'il n'a rien épargné pour lui venir en aide, au milieu des difficultés les plus sérieuses, a-t-il donc placé infructueusement ses capitaux ? Il a favorisé, au contraire, une entreprise qui a rendu le désert à la vie et qui, en quelques années, a fait de ces terrains maudits, dont les nomades eux-mêmes ne voulaient pas, des terrains recherchés par cette population qui arrive de tous côtés pour s'installer sur les bords du grand passage ouvert au commerce du monde entre la Méditerranée et la mer Rouge. Quel meilleur placement pouvait être fait ? Hâtons-nous d'ajouter, à propos de cette grande entreprise, que, si elle doit être féconde pour l'Égypte en merveilleux résultats, elle restera comme un vivant témoignage de l'initiative de là France, de la persévérance et de l'énergie d'un de ses plus glorieux enfants.

IV

Tout le gouvernement financier du vice-roi est ainsi expliqué, tel est son mobile constant : attirer le plus d'argent possible en Égypte pour le faire fructifier ; payer un intérêt justement rémunérateur aux prêteurs et faire jouir l'Égypte de la différence entre l'intérêt payé et les immenses bénéfices recueillis. Tant il est vrai qu'on peut dire, sans être accusé de paradoxe, que plus l'Égypte emprunte, plus elle s'enrichit.

Quel intérêt présenteraient, après cela, de froides colonnes de chiffres donnant le bilan de l'Égypte ? Son compte moral est préférable, et pas un économiste ne contestera, que l'argent jeté sur le sol si fécond de l'Égypte, est un argent merveilleusement employé.

Comme ses prédécesseurs, Ismaïl aurait pu se contenter de ses revenus ordinaires. Le vice-roi pouvait payer la dette égyptienne en quelques années et régner tranquille. Il était dominé par de plus hautes aspirations. Il couvre l'Égypte de chemins de fer; ouvre de nouveaux canaux d'irrigation et de navigation; améliore les anciens, et réussit, en deux ans, à faire disparaître un déficit de 800 millions, causé par une terrible épizootie. Cette année, il a déjà dépensé 50 millions de francs en travaux d'utilité publique.

On ne peut qu'encourager le vice-roi à suivre ce système qui met en œuvre toutes les fécondités égyptiennes. Ne faut-il pas que le pays qui sera traversé par toutes les marines du monde, soit, par sa richesse, à la hauteur de son rôle?

Mais les encouragements ne sont pas nécessaires. Avec une ténacité qui ne mérite que l'éloge, Ismaïl persiste dans cette voie. Il demande à un intérêt de 7 à 8 et 9 p. 100 des capitaux à l'Europe, et ces mêmes capitaux lui rapportent 30 et 40 p. 100. C'est une bonne affaire pour l'Europe et pour l'Égypte.

V

A côté de cette grande organisation financière et économique de l'Égypte, le vice-roi a donné le plus grand essor aux autres branches de son gouvernement.

Convaincu que l'instruction est la base de la civilisation, l'attention d'Ismaïl s'est tout particulièrement portée sur les meilleurs moyens à prendre pour faire pénétrer les bienfaits de l'enseignement dans toutes les classes.

Le budget de l'instruction publique est de 4 millions. Rien qu'au Caire, il y a 256 écoles *gratuites* dans lesquelles on fournit les livres *gratuitement*. Ces écoles contiennent 9,338 élèves externes sur lesquels 1,822 sont nourris et habillés.

L'université littéraire et théologique d'El Azar, fondée en 971, compte 5,000 élèves dont 2,500 sont entretenus par le gouvernement.

Enfin, au Caire et à Alexandrie, 3,480 enfants ou jeunes gens internes sont nourris, entretenus, logés et reçoivent une solde (1).

Si Ismaïl fait élever ses fils, c'est à un Français, éminent par les qualités personnelles et par l'instruction, qu'il confie leur éducation. Il réunit toutes les merveilles de l'Égypte antique, et c'est encore à un Français qu'il se remet de ce soin. Enfin, l'œuvre

(1) Voici un règlement pour les écoles, sur lequel on ne saurait trop appeler l'attention :

Une école sera créée dans chaque *moudirieh* (commune).

L'emplacement sera de préférence choisi dans le voisinage d'une voie ferrée.

Tout individu dont l'âge ne dépassera pas quatorze ans sera admis dans les écoles : riche ou pauvre, musulman ou cophte, tous y seront reçus indistinctement après avoir été jugés dignes de cette faveur par l'autorité à ce désignée.

Dans chaque école un local spécial sera réservé pour un prêtre cophte désigné par son patriarche.

L'instruction sera la même pour tous les élèves et tous devront être traités comme les enfants d'une même famille.

Par les soins et sous la surveillance du ministre de l'instruction publique, chargé de l'organisation des écoles, aura lieu un concours général auquel assisteront les personnages choisis parmi les savants et les notables.

L'habillement, uniforme pour tous, sera fourni par le gouvernement aux enfants pauvres et par leurs familles aux classes aisées.

universelle du canal de Suez, qu'il a faite sienne pour ainsi dire, rendra au centuple à l'Égypte en honneur et en profits l'appui que le souverain de ce pays n'aura cessé de lui prêter.

VI

Ismaïl, en résumé, continue résolûment l'œuvre de sa dynastie et ne laisse échapper aucune occasion d'initier l'Égypte à toutes les améliorations. C'est ainsi que, non content de venir visiter par lui-même l'Exposition de 1867, où, d'ailleurs, les envois de l'Égypte occupent une place fort honorable, il se fait suivre d'un bateau à vapeur, équipé à ses frais, et qui apporte les membres du *Conseil des représentants*. Ils verront Paris, l'Exposition, et ils retourneront en Égypte riches de faits et de renseignements qui leur permettront de faire faire à leur pays de nouveaux progrès.

Tel est le but que, dans une pensée libérale, poursuit le vice-roi en organisant cette mission que des savants accompagnent.

L'Égypte demeure donc fidèle à son antique réputation. C'est toujours la terre au sol fécond, la terre des merveilles et des princes hardis.

Ce n'est pas sous la souveraineté d'Ismaïl qu'elle laissera rien se perdre de tant et de si grandes traditions.

Le vice-roi d'Égypte est venu emprunter à la France les éléments d'une civilisation qu'il comprend et qu'il aime. A l'abondante moisson qu'il a pu recueillir, il joindra le souvenir du respect sympathique qu'il a rencontré parmi nous.

Juillet 1867.

Paris. Imp. BALITOUT, QUESTROY et Cᵉ, rues Baillif, 7, et de Valois, 18.